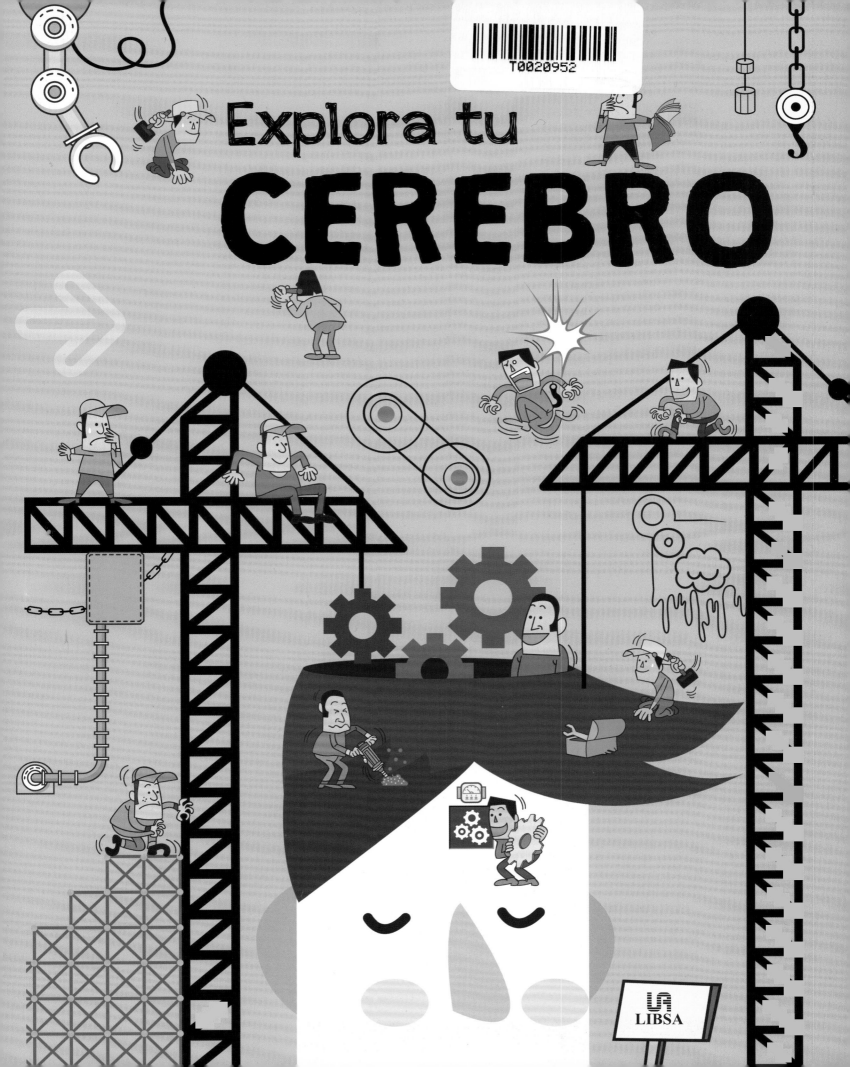

Explora tu
CEREBRO

LIBSA

© 2021, Editorial LIBSA
c/ San Rafael, 4 bis, local 18
28108 Alcobendas (Madrid)
Tel.: (34) 91 657 25 80
e-mail: libsa@libsa.es
www.libsa.es

Textos: Javier Frontiñán Rubio
Ilustración: Archivo editorial LIBSA, Shutterstock Images

ISBN: 978-84-662-4020-8

DL: M-8593-2021

EXPLORA TU CEREBRO
CONTENIDO

LOS NÚMEROS DEL CEREBRO

El cerebro humano es fascinante, ese podría ser el resumen de este libro. A lo largo de sus páginas, aprenderás cómo funciona, cómo percibimos los colores, olores, sonidos, etc., cómo aprende y memoriza y cómo se relaciona. Este libro está lleno de curiosidades e historias increíbles. Veamos algunos **datos y curiosidades** sobre este asombroso órgano de nuestro cuerpo.

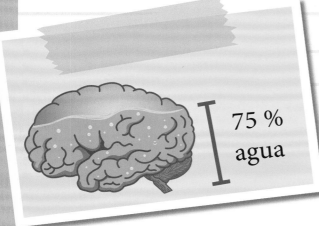

75 % agua

- En un adulto, pesa en torno a 1,4 kg. Esto representa solo el 2 % del peso total del cuerpo humano.

- Está compuesto, principalmente, de agua. Más del 75 %, por eso es tan importante hidratarse.

Santiago Ramón y Cajal

- Aunque pesa tan poco, consume el 20 % de la energía que comemos.

- Usamos el 100 % del cerebro. Si alguna vez has leído que solo usamos el 10 %, no es cierto.

- El científico más importante en el estudio del cerebro fue el español Santiago Ramón y Cajal. Hace más de cien años descubrió cómo se comunican las neuronas.

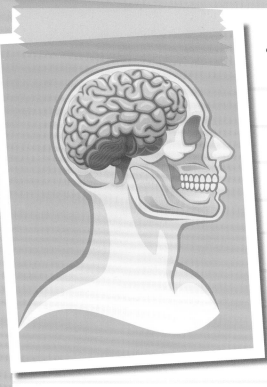

- Está protegido por los huesos del cráneo.

- Cada segundo se producen 100 000 reacciones químicas en el cerebro.

- Tiene una gran capacidad de almacenar información, mucho más que el mejor ordenador del mundo.

- Tiene entre 86 000 y 100 000 millones de neuronas.

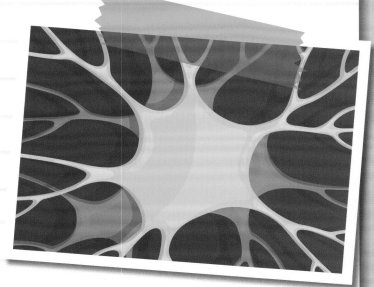

- Si juntamos todas las neuronas una detrás de otra, formarían una fila de más de 1 000 km.

- Está siempre recibiendo información, incluso cuando dormimos.

- Una dieta saludable hace que tu cerebro funcione mucho mejor.

Células neuronales

- Se crean neuronas nuevas durante toda la vida, aunque solo en algunas partes del cerebro.

- A lo largo de un día, tenemos decenas de miles de pensamientos.

¿Estás listo? ¡Empezamos!

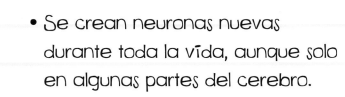

¿TIENEN CEREBRO LOS INVERTEBRADOS?

¿TIENE CEREBRO UN MOSQUITO?

Los animales se dividen en dos grandes grupos, los **vertebrados** y los **invertebrados**. Los vertebrados tienen un esqueleto interno formado por huesos y los invertebrados, en cambio, no tienen huesos. Seguro que conoces muchos invertebrados, por ejemplo las hormigas, los mosquitos, las lombrices o los calamares. Pero, ¿tienen cerebro?

Hormiga

cordón nervioso

Si observas detenidamente un grupo de **hormigas**, puedes ver cómo todas caminan formando una fila o de forma muy organizada. Para que esto sea posible, de alguna forma se tienen que comunicar unas con otras, ¿no? Comunicarse es una función que en nuestro caso, la desarrolla el **cerebro**, pero en el caso de las hormigas la llevan a cabo una serie de agrupaciones de **células nerviosas**.

Esponjas de mar

¿Conoces las **esponjas de mar**? Pues son los animales más sencillos del planeta: ¡ni siquiera tienen sistema nervioso!

ganglios

Gusanos

Los animales menos desarrollados donde aparece un sistema nervioso son algunos **gusanos**, como las planarias. Tienen una serie de **ganglios**, que son unos **acúmulos de neuronas** que se distribuyen por todo el animal.

Las **estrellas de mar**, que son unos bonitos animales con cinco o más brazos, tienen un sistema nervioso muy especial, ya que forma una **estructura circular** en el centro de la que salen **prolongaciones nerviosas** a cada uno de los brazos.

Estrella de mar

sistema nervioso

Abeja

ganglios nerviosos

¿Y qué pasa con los **insectos**? Pues el grupo de los artrópodos, que incluye insectos, arañas o cangrejos entre otros muchos, tienen un sistema nervioso más desarrollado, conocido como **ganglionar**. En la zona de la cabeza acumulan unos ganglios que actúan como un cerebro.

¿Sabías que...

hay más de 85 000 especies diferentes de moscas en el mundo?

Respuesta:

Los mosquitos no tienen cerebro, pero sí tienen algunas partes de su cuerpo que cumplen funciones similares.

EL CEREBRO EN VERTEBRADOS

MEMORIA DE ELEFANTE

Entre los **vertebrados**, encontramos a los peces, anfibios, reptiles, pájaros y mamíferos. Durante la evolución, se produjo la **cefalización**, un proceso por el cual las células nerviosas se empezaron a agrupar en la zona de la cabeza y se acabó formando el cerebro tal y como lo conocemos. ¡Vamos a ver unas cuantas curiosidades sobre los cerebros más animales!

delfín

cachalote

Cuestión de proporción

El **cerebro más grande** de todo el reino animal es el de los **cachalotes**, que puede llegar a pesar más de 8 kg. Estos animales son muy inteligentes, pero no son los más listos del reino animal. Hay otros mucho más listos teniendo el cerebro mucho más pequeño, como los **delfines**. ¿Por qué? En el caso del cerebro **lo importante** es que **sea grande en proporción al tamaño del cuerpo**. El cachalote tiene un gran cerebro, pero también es uno de los animales más grandes. En el caso de los delfines o del propio ser humano, el cerebro es muy grande en comparación con el tamaño del cuerpo.

¡Recuerda! Lo importante es que el cerebro sea grande en proporción al tamaño del cuerpo.

¿De verdad tienen tanta memoria los elefantes?

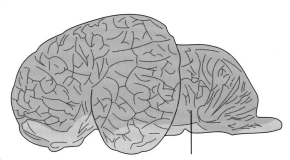

cerebro de elefante

Se dice que los **elefantes** tienen una gran **memoria** y que son muy **inteligentes**, y es **verdad**. Es el mamífero terrestre con el cerebro más grande: puede llegar a pesar 5 kg. Además, tiene más de 250000 millones de neuronas, ¡una absoluta barbaridad! Pero, ¿cómo sabemos que los elefantes son tan inteligentes?

1 Se comunican entre ellos, por sonidos, pero también por señales.

2 Saben utilizar herramientas: por ejemplo, pueden agarrar un trozo de un tronco con la trompa, y cavar un hoyo para poder beber agua.

3 Tienen muchos comportamientos sociales: se ha visto cómo tienen cualidades muy humanas, como la compasión y la empatía.

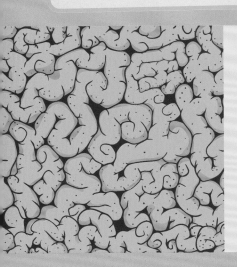

¡La arruga es bella!

Otra de las curiosidades del cerebro animal, es que cuanto más inteligente es un animal, más «arrugado» está su cerebro. Estas arrugas se conocen como **circunvoluciones**, y los animales que más tienen, somos nosotros, los seres humanos. Sirven para que quepa más cerebro dentro de la cabeza.

El misterioso cerebro de los delfines. Son unos de los animales más inteligentes, pero su cerebro es un gran misterio para la ciencia. En proporción es realmente grande. Tienen mecanismos de comunicación muy complejos, entre ellos «hablan» a grandes distancias, pero también puede aprender a comunicarse con humanos a través de símbolos y señales. Son animales muy sociales, realizan tareas en grupo gracias a su capacidad de comunicación. Utilizan herramientas que les facilitan la caza o la huida de depredadores.

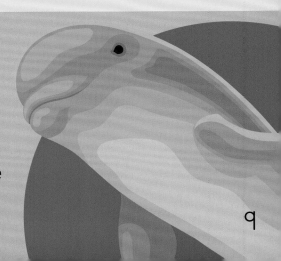

EL CEREBRO HUMANO

ESE GRAN DESCONOCIDO

El cerebro es nuestro órgano más importante: gracias a él nos relacionamos con el resto de personas, podemos pensar, hablar, reír, llorar, recordar, saborear, etc. Todo esto no es fácil de realizar y por eso, es también el órgano más desconocido.

microglía

neurona

astrocito

Un órgano Complejo

Para que te hagas una idea de su complejidad, en el interior del cerebro hay unos **86000 millones de neuronas,** las células principales. Pero es que además, hay **100000 millones de** otras células como los **astrocitos** (que tienen forma de estrella) o la **microglía**. Todas estas células están en funcionamiento constante para que el cerebro realice todas sus funciones.

Máquina de aprender

En los primeros 10-12 años de vida, el cerebro es una máquina casi perfecta de aprendizaje, se encarga de asimilar todo. Constantemente se forman circuitos de neuronas especializados en diferentes funciones. Cuando se llega a la adolescencia, ocurre un proceso llamado ***poda neuronal***. Si hay circuitos que utilizamos poco, desaparecen, para potenciar aquellos que utilizamos más. Así que... ¡no pierdas ni una neurona y estudia!

ON

OFF

En la cabeza, está muy bien acompañado por dos estructuras muy importantes:

El cerebro humano de un adulto pesa en torno a 1,4 kg.

El tallo encefálico

Se encuentra en la base del cerebro y lo conecta con el resto del cuerpo a través de la médula espinal. Su función es controlar la respiración, el ritmo cardiaco, la sudoración o la digestión.

Está protegido por los huesos del cráneo.

Cerebelo

Es el centro de control del equilibrio, y nos ayuda a movernos de forma coordinada.

hemisferio izquierdo

El cerebro consume el 20 % de la energía que necesita nuestro cuerpo: a pesar de ser pequeño, necesita mucho alimento. Está dividido en dos hemisferios: el derecho y el izquierdo, ambos conectados por una estructura llamada «cuerpo calloso» que permite que se comuniquen y funcionen de forma coordinada.

hemisferio derecho

EL SISTEMA NERVIOSO

MUCHO MÁS QUE EL CEREBRO

El cerebro desempeña muchísimas funciones fundamentales, pero esto no lo hace solo, sino que forma parte de un sistema que está distribuido por todo nuestro cuerpo, el sistema nervioso. Se divide en dos grandes partes, el **sistema nervioso central** y el **sistema nervioso periférico**.

Sistema nervioso central

El **sistema nervioso central** está formado por la **médula espinal** y el **encéfalo**. De este último ya hemos hablado: está formado por el cerebro, el cerebelo y el tallo encefálico.

La **médula espinal** está compuesta por neuronas y nervios que forman una estructura que recorre nuestra espalda y que está protegida por la columna vertebral. Su función es que los componentes del encéfalo se comuniquen con el resto del cuerpo, ya que desde la médula surgen nervios que conectan con los órganos, extremidades, piel, etc.

Esta «prodigiosa» red de comunicación interna del organismo está formada por 150 000 km de nervios, ¡cuatro veces la longitud de la Tierra!

cerebro

encéfalo

médula espinal

SISTEMA NERVIOSO PERIFÉRICO

SISTEMA NERVIOSO PERIFÉRICO

SISTEMA NERVIOSO CENTRAL

Sistema nervioso periférico

En cuanto al **sistema nervioso periférico**, engloba a todos los **nervios** que conectan al sistema nervioso central con el resto del cuerpo y con todos sus sistemas: el digestivo, endocrino, respiratorio, circulatorio, etc. Estos nervios son fundamentales, ya que son, por ejemplo, responsables de que el corazón funcione bien, de que sintamos cuando nos pichamos con algo o cuando nos pellizcan, o de algo mucho más divertido como las cosquillas.

¿Cuál es el nervio más grande del cuerpo humano? El nervio ciático: se extiende desde los pies hasta la pelvis, por lo que puede llegar a medir más de un metro (en gente muy alta); además es muy grueso, tanto que hay partes donde tiene el grosor de un dedo pulgar.

nervio ciático

atlas

Atlas, el guardián del encéfalo

La **columna vertebral,** entre otras funciones, **protege a la médula espinal**. En total, tenemos **33 vértebras**, algunas de ellas con nombres tan curiosos como **atlas**. La mitología griega habla de un poderoso titán, Atlas, que fue castigado por Zeus a llevar sobre sus hombros la bóveda celestial durante toda la eternidad. Es por eso que la primera vértebra, sobre la que está asentada la cabeza, comparte nombre con el titán griego, ya que sobre ella descansa la parte más importante de nuestro cuerpo.

¿QUÉ SON LAS NEURONAS?

¿Cómo llega la información desde tu cerebro hasta tu pierna cuando quieres correr? O al contrario, ¿cómo llega la información de dolor cuando pisas algo que te hace daño hasta tu cerebro? Gracias a las neuronas, que son las células principales del cerebro. En la cabeza tenemos ¡más de 86 000 millones de neuronas!

Las neuronas tienen formas muy diferentes, aunque muchas de ellas suelen tener un aspecto alargado y muy característico:

1 Soma: es la zona central que recibe la información procedente de las dendritas. Aquí está el núcleo de la neurona.

2 Dendritas: se encuentran en la «cabeza» de la neurona y es la zona encargada de recibir la información. Son unas prolongaciones que reciben el impulso nervioso procedente de otras neuronas.

Las neuronas se encuentran por todo el sistema nervioso, y su función principal es conducir la información, ya sea desde el cerebro hasta otras partes del cuerpo o al revés.

Esta información se transmite en forma de impulso eléctrico (impulso nervioso).

El axón puede ser muy largo y para poder transmitir la señal rápidamente necesita un aislante, como los cables. En este caso el aislante se llama **mielina,** y es generada por unas células que rodean al axón llamadas células de Schwann.

células de Schwann

mielina

axón

Axón: recibe la información del soma. Es una estructura alargada que transmite la información hasta una zona final ramificada que conectará con las dendritas de la siguiente neurona a la que transmite la información.

SINAPSIS

neurotransmisores

Sin contacto

La comunicación entre neuronas es un proceso conocido como **sinapsis**, y ocurre sin que las neuronas contacten entre ellas. Cuando el impulso nervioso llega al final de una neurona, produce unos compuestos químicos llamados **neurotransmisores**, que se desplazan a la siguiente neurona y allí generan un nuevo impulso, actuando de mensajeros entre neuronas. Una neurona puede llegar a tener 10000 sinapsis diferentes, lo que genera una compleja red de comunicación neuronal. Gracias a esta red, puedes correr, reír, cantar o leer este libro.

CINCO SENTIDOS
(O MÁS)

Olfato, gusto, vista, tacto y oído. En clase has estudiado los cinco sentidos básicos. Son realmente útiles, ya que a través de ellos recibimos información del exterior y generamos una reacción. Por ejemplo, si vamos andando por la calle, mientras damos pasos miramos si viene alguien de frente, y así evitamos chocarnos. Cuando llegamos a un paso de cebra, nuestra vista nos dice si viene algún coche, o si el semáforo está en verde o rojo. Pero nuestro oído nos manda información sobre si se aproxima o no un coche. Todo esto ocurre de forma automática y muy rápida.

Estos **cinco sentidos**, además, **trabajan** de **forma conjunta** para obtener **información completa**.

Imagínate tu merienda favorita, por ejemplo, pan con queso. El olfato te informará sobre si huele bien o no, y cuando lo pruebes saborearás cada bocado. Pero si el pan o el queso tienen manchas verdes, a lo mejor no te parece agradable, porque tus ojos te están diciendo que ese no es un color «normal» del pan y del queso.

AAAGGGGGGHH

Sentimos con el cerebro

Todos los **sentidos** están **conectados** directamente con el **cerebro** y es aquí donde la información que aportan (visual, olfativa, etc.) es interpretada y entendida. Además, una vez que es comprendida por el cerebro, este ordena que se genere una **respuesta**. En el caso de la merienda verde, la respuesta puede ser de repulsión o curiosidad. Al cruzar la calle, puede ser que no cruces porque aunque el semáforo está en verde, el oído te ha dicho que viene un coche muy rápido.

¿Cuántos sentidos tenemos?

Además de los cinco que ya conoces, están los sentidos que nos informan sobre **cómo estamos**. Por ejemplo, nos dicen si nos duele algo, si sentimos calor o frío, si tenemos hambre o sed, etc.

Uno de los más curiosos es el **sentido** que nos dice **dónde estamos**. Aunque te resulte sorprendente, el cerebro tiene un GPS neuronal. Ayuda, por ejemplo, a orientarnos o a que reconozcamos una calle o un lugar donde hemos estado antes. Básicamente, tenemos en el cerebro un mapa de neuronas que nos ayudan a autolocalizarnos.

En total, los científicos creen que tenemos hasta **26 sentidos diferentes**. Y cuanto más se conoce sobre el cerebro, más sentidos se descubren. En las próximas páginas, descubriremos más sobre los sentidos más destacados, que son los cinco que ya conoces, pero también otros como la **propiocepción** o la **percepción del tiempo**.

¿CUÁNTOS COLORES VEMOS?

Nuestros ojos son unos órganos maravillosos que nos permiten definir el tamaño, el color, la posición, la forma y la distancia de los objetos en nuestro entorno. Toda esta información llega a nuestro cerebro, donde es interpretada e integrada.

ceja

párpado
pestañas

SECCIÓN DE LA RETINA

cono
bastón

El **ojo** es un órgano muy complejo y sensible, por eso mismo está protegido por los **párpados**, las **pestañas** y las **cejas**. En el interior tenemos el **iris**, que controla la cantidad de luz que entra en el ojo, o la **retina**, donde se encuentran unas **células** muy especializadas llamadas **fotorreceptores**.

retina

iris

nervio óptico

Entre ellas, encontramos a los **conos** y los **bastones**, que se encargan de percibir la luz y el color, y enviar la información a nuestro cerebro. Hay tres tipos diferentes de conos, que reconocen el azul, rojo y verde, pero combinados nos permiten llegar a identificar hasta **un millón de tonos diferentes**.

Visión binocular

Nuestro cerebro recibe una información diferente si procede de un ojo o de otro. Esta pequeña diferencia es lo que permite ver los objetos en profundidad (en tres dimensiones) y también nos ayuda a calcular distancias. La **visión binocular** es la capacidad que tiene el ser humano para integrar las dos imágenes de los ojos en una sola. Este tipo de visión la tienen los tigres o leones, que necesitan una gran precisión a la hora de calcular las distancias para alcanzar a sus presas.

corteza visual

ojo derecho

ojo izquierdo

campo binocular

visión periférica   visión periférica

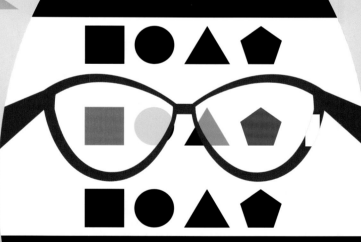

¿Sabías que hay personas que ven en blanco y negro?

Hay personas que no pueden ver bien algunos colores: esto se conoce como **daltonismo**. Puede haber diferentes grados: de los más leves que no diferencian determinados tonos a los más graves, como la **acromatopsia**, que impide distinguir los colores y se ve todo en blanco y negro.

Visión periférica

La **visión periférica** es la capacidad de ver cosas que no están en el centro de tu campo visual. Si observas el mundo animal, verás que hay muchos animales que tienen los ojos en los laterales de la cabeza, como las cebras, los ciervos o los caballos. Se trata de especies que suelen ser presa de depredadores, y el tener los ojos en los laterales les permite ver todo lo que hay a su alrededor.

¿POR QUÉ NO OLEMOS CUANDO ESTAMOS RESFRIADOS?

El aire que respiramos está lleno de compuestos químicos que dan olor y se conocen como **odorantes**. Estos entran a través de nuestras fosas nasales y llegan a la **cavidad nasal,** una zona que percibe los olores y conecta con el cerebro a través de los **nervios olfativos**.

Tipos de olores

Hay **10** que se consideran **básicos**: floral, leñoso (a madera), frutal (no cítrico), químico, mentolado, dulce, ahumado, cítrico, podrido y rancio. Pero, además, hay muchísimos otros: algunos investigadores dicen que podemos identificar hasta **¡un billón de olores diferentes!**

odorantes

Olores desagradables

El olfato es muy bueno detectando olores desagradables, como el olor a podrido. Actúa como un **sistema de alarma** que nos indica si algún alimento está en mal estado o si nos aproximamos a algún lugar con un olor repugnante.

Aunque los humanos somos capaces de identificar miles de olores, **no tenemos un gran olfato.** Por ejemplo, los perros lo tienen mucho más desarrollado, ya que disponen de 23 veces más células olfativas que nosotros.

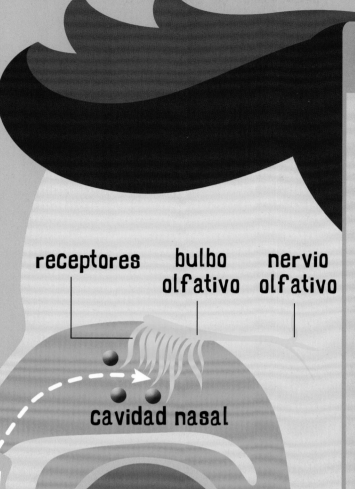

receptores   bulbo olfativo   nervio olfativo

cavidad nasal

Cuando nuestro cerebro almacena un recuerdo, puede incluir también el olor asociado a ese recuerdo. Por ejemplo, el olor a algún dulce que comías cuando eras más pequeño. Es la **memoria olfativa**.

Experimento

El olfato, conectado con el gusto

Necesitas: Hierbabuena • Una venda o antifaz.

La información de ambos sentidos se combina en nuestro cerebro. Puedes comprobar esta conexión con un sencillo experimento, que además puedes hacer con tu familia. Para ello solo necesitas hierbabuena y una venda o un antifaz para tapar los ojos. Dile a algún familiar o amigo que se tape los ojos y también la nariz. Pídele que abra la boca y pon sobre su lengua la hoja de hierbabuena. Dile que intente adivinar qué es y a qué sabe sin destaparse la nariz. Seguramente no sea capaz de identificar el sabor, así que dile que se destape la nariz y… ¡sorpresa! Todo el sabor de la hierbabuena inundará su boca.

¿Puede perderse el olfato?

Cuando estamos **resfriados**, **perdemos** la **capacidad de oler** porque una inflamación en el interior de nuestra cavidad nasal impide que los odorantes lleguen a comunicarse con el cerebro. Como está muy conectado con el **gusto**, también este otro sentido se puede perder durante un resfriado. Pero hay personas que pueden no identificar ningún tipo de olor. A esta afectación se le conoce como **anosmia**.

¡EL GUSTO ES MÍO!

Imagínate frente a tu plato favorito y que empiezas a comértelo. En ese instante, notarás cómo los sabores se mezclan en tu boca. Nuestra **lengua** está llena de **papilas gustativas**, unos pequeños botoncitos capaces de detectar los sabores.

Es posible que hayas oído que los diferentes sabores se detectan en zonas diferentes de la lengua, pero esto no es cierto: **TODA** la lengua es capaz de detectar **TODOS** los sabores.

papila gustativa

Podemos llegar a tener más de 3 000 papilas en la lengua, y todas ellas le dicen a nuestro cerebro lo que está rico o no, si nos gusta más o menos, si está dulce o demasiado amargo.

Experimento

Observación de papilas gustativas

Necesitas: Ayuda de un adulto • Colorante alimenticio azul • Bastoncillos de algodón • Una lupa o un teléfono móvil con cámara.

Aunque las papilas gustativas son muy pequeñitas, puedes observarlas de una forma muy sencilla con este experimento. Mezcla un poco de colorante alimenticio con agua (una cuarta parte de colorante aproximadamente), después se impregna bien el bastoncillo en la mezcla y se aplica sobre la lengua.

Las papilas se pondrán de color azul y podrás verlas con una lupa. Si quieres ver las tuyas, pide que le hagan una foto a tu lengua utilizando un teléfono móvil.

Cinco sabores

Es en las papilas donde podemos distinguir cinco sabores diferentes:

Dulce: es el sabor del azúcar; lo podemos encontrar en muchas frutas, en el chocolate, cereales azucarados, etc.

Amargo: lo encontramos en el chocolate puro o en algunos vegetales.

Ácido: es el sabor que encontramos en muchos cítricos (como el limón), pero también en algunos tipos de manzana o de vinagre.

Salado: es junto al dulce, el más común. Lo encontramos en la sal, y en la comida preparada del súper, ya que la sal también resalta otros sabores como el dulce.

Umami: quizá no hayas oído hablar de él, pero seguro que lo has saboreado; por ejemplo, al comer queso. Es muy difícil de describir, aunque «umami» en japonés significa «sabroso».

Conexión con el cerebro

Las **papilas gustativas** tienen numerosas terminaciones nerviosas. Cuando una sustancia entra en la boca, la saliva se encarga de disolverla; esta acción produce una **corriente nerviosa** que origina la sensación del gusto, la cual es transmitida al cerebro a través de los nervios correspondientes; es nuestro **cerebro** el que realmente reconoce los sabores.

gusto

El **sonido** llega a nuestro cerebro a través del **oído**, que está dividido en tres partes:

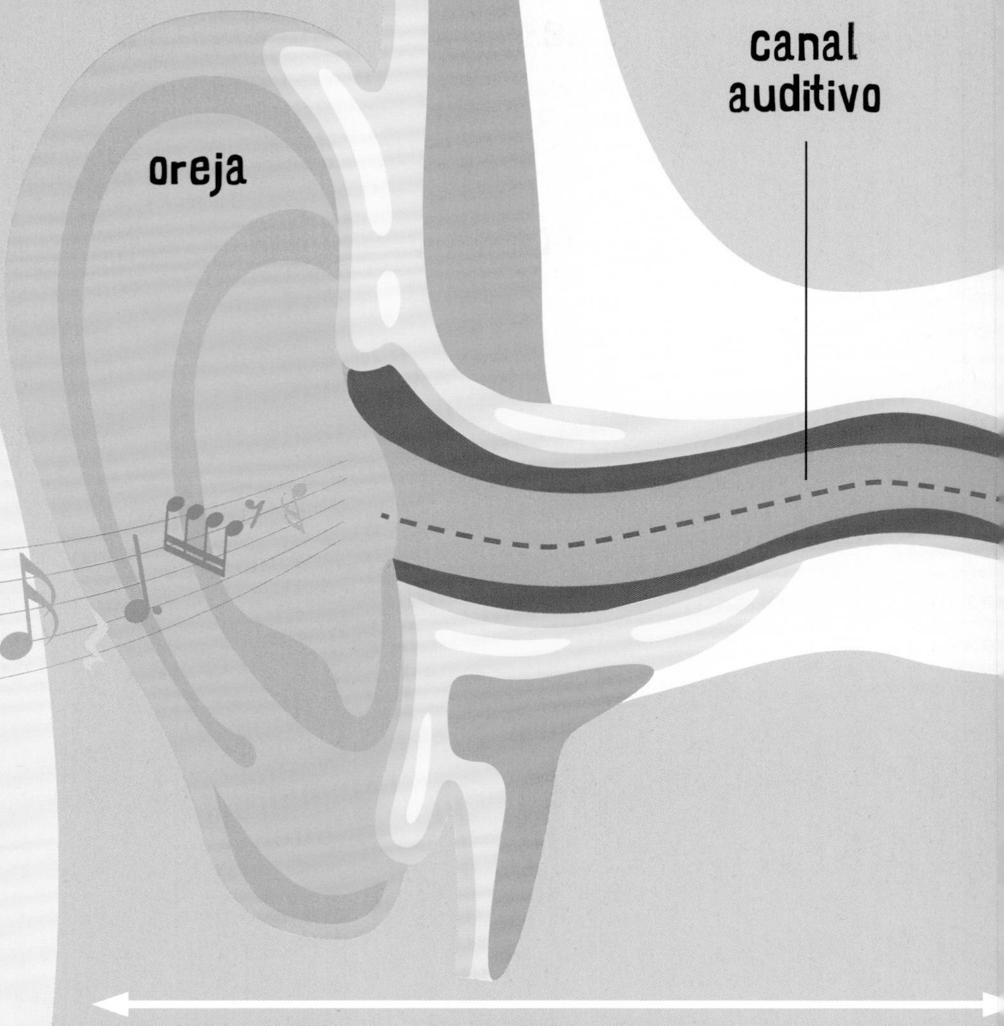

oreja

canal auditivo

¿OYES ESO?

Cierra los ojos y presta atención a todo lo que oyes. Relájate y respira. Poco a poco irás captando más y más sonidos de tu entorno, seguro que muchos más de los que imaginabas. A través del sentido del **oído**, nuestro **cerebro** recibe **muchísima información** al mismo tiempo.

OÍDO EXTERNO

Se corresponde con la **oreja** o **pabellón auditivo**, es la parte externa y tiene esa forma tan extraña para poder captar más sonidos

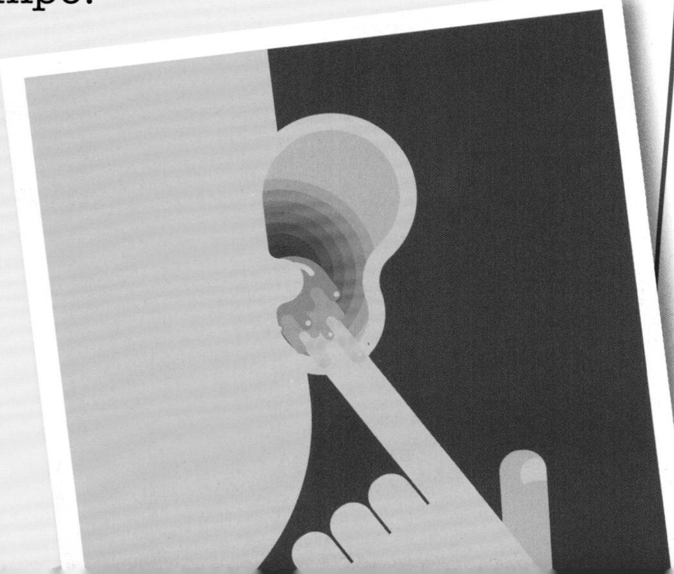

¿Qué es la cera?

La cera se genera en el interior del oído como un **mecanismo de protección**. En condiciones normales, se desprende y cae por sí sola. Hay que evitar quitarla con el dedo o un hisopo, ya que puede ser empujada hacia partes internas del oído y dañarlo. Si notas un tapón de cera grande en el oído, debes ir al médico y te ayudará a quitarlo.

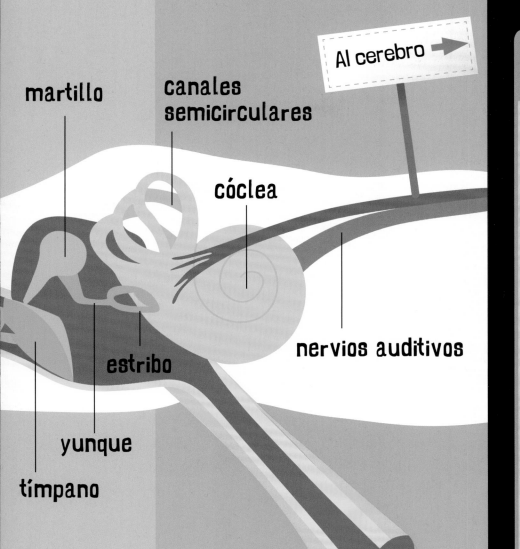

martillo

canales semicirculares

cóclea

Al cerebro →

nervios auditivos

estribo

yunque

tímpano

Fabrica tu propio tímpano en casa

Necesitas: Cuenco o bol grande • Papel film • Un puñado de granos de arroz • Algo que genere un ruido fuerte, como una cacerola y una cuchara.

El tímpano es la membrana que vibra cuando llega un sonido. Puedes ver cómo funciona con este experimento. Parte un trozo grande de papel film y ponlo sobre el cuenco, bien tirante (este será nuestro tímpano artificial). Sitúa los granos de arroz sobre el film. A continuación, acerca la cacerola a nuestro tímpano artificial y comienza a golpearla y verás cómo por la vibración que genera el sonido, los granos de arroz saltan.

OÍDO MEDIO

Tras entrar por la oreja, el sonido llega al **tímpano**, una membrana que vibra cuando el sonido choca. Este movimiento activa unos pequeños huesecillos llamados **martillo, yunque** y **estribo**, debido a su forma.

OÍDO INTERNO

Las vibraciones de los huesecillos llegan al oído interno, formado por el **caracol** o **cóclea** y los **canales semicirculares.** Allí estas vibraciones se convierten en **impulsos nerviosos.** A través de los **nervios auditivos**, los sonidos llegan por fin al **cerebro**.

¿Se puede escuchar un sonido que no existe?

Es posible que alguna vez tras estar en algún lugar con mucho ruido, hayas estado escuchando durante un tiempo un pitido, que en realidad no existe. Esto se conoce como **acúfeno** o **tinnitus** y aparece cuando el oído percibe ruidos muy fuertes durante un periodo largo de tiempo. Suelen desaparecer en una hora más o menos, pero si persisten durante días, hay que ir a un especialista para que compruebe la salud de nuestros oídos.

ALGO MÁS QUE LAS YEMAS DE LOS DEDOS

El órgano de los sentidos más grande de nuestro cuerpo es la **piel**, la encargada del sentido del **tacto**. A lo largo y ancho de ella tenemos una serie de **receptores** que perciben la **temperatura, textura, presión y dolor**. Estos receptores no están distribuidos de la misma forma por todo el cuerpo; comprueba la sensibilidad al tacto en tus dedos o en tu codo: ¡el codo es mucho menos sensible!

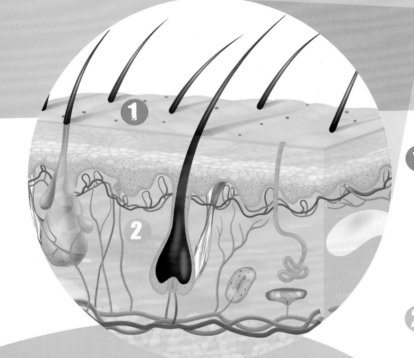

Además de percibir el tacto, la piel tiene **otros papeles** fundamentales:

- Protege nuestro cuerpo de la entrada de gérmenes y sustancias nocivas.
- Nos protege de posibles lesiones.
- Ayuda a controlar la temperatura del cuerpo.

1 **Epidermis:** es la capa superficial; en su interior están los **melanocitos,** que son las células que nos protegen de los rayos del sol y nos proporcionan nuestro color de piel.

2 **Dermis:** está debajo de la epidermis y es donde se encuentran los **receptores nerviosos** del sentido del tacto. Estos receptores están **conectados con el cerebro**, donde envían toda la información recibida. Además, en esta capa, también podemos encontrar los **folículos** donde nacen los **pelos**.

ja ja ja

ja ja ja

A través del tacto percibimos también las **cosquillas**, esa sensación tan divertida y placentera que sentimos al tocar ligeramente algunas zonas de nuestro cuerpo. Sorprendentemente, se sabe muy poco sobre cómo se forman en el cerebro.

¡Quita la mano!
¡YA!

CEREBRO

Tacto y dolor

Los **receptores del dolor** también están relacionados con el sentido del tacto. Al lesionarnos, o cuando algo en nuestro cuerpo no funciona bien, recibimos una sensación de dolor. Por ejemplo, si tocas algo muy caliente, estos receptores que están en la piel envían la señal de peligro al cerebro y rápidamente retirarás la mano.

¡Quema!

RECEPTOR

NERVIO

MÉDULA ESPINAL

Experimento

Jugando con la percepción del tacto

Necesitas: Una caja grande • Varios objetos esféricos: pelota de pin pon, tenis, golf… • Frutas esféricas: naranja, ciruela, melocotón… • Tijeras.

Haz un agujero por donde quepa una mano en uno de los laterales de la caja. Coloca en el interior los objetos esféricos y juega con tu familia o amigos a identificar qué objetos hay dentro sin poder verlos. Parece muy sencillo, pero cuando utilizamos el tacto sin ayudarnos de otros sentidos, ¡no es tan fácil identificar las cosas!

PROPIOCEPCIÓN
EL SENTIDO QUE INDICA TU POSICIÓN

Nuestro **cerebro** tiene **otros muchos sentidos** que también son fundamentales para nuestra vida. Uno de ellos es la **propiocepción**. Este sentido nos indica la **posición de nuestros músculos y articulaciones**. ¿Cómo es esto posible?

¿Para qué sirve?

Este sentido interviene en procesos tan importantes como el **equilibrio** o el **control de la postura**. También, si tu **propiocepción** es **buena**, tendrás un **mejor control del esquema corporal**.

Imagina que estás jugando al tenis y tienes que devolver una pelota que viene a gran velocidad. En la respuesta de tu cuerpo, interviene el **sentido de la vista,** porque con esta calculas la velocidad y cuando tienes que golpear la pelota con la raqueta, pero la **propiocepción** te **ayuda a sincronizar el movimiento de tu brazo** para devolver la pelota con fuerza y orientada hacia el otro lado de la pista.

¡Punto de partido!

Además, **controla la posición de tus piernas y tu tronco**, para de esta forma lograr un punto ganador.

Experimento

Juega con la propiocepción

Hay muchos juegos que pueden servir para ver cómo funciona este sentido, por ejemplo, todos aquellos relacionados con mantener el equilibrio o con hacer ejercicio físico que requiera una gran coordinación. Pero te vamos a enseñar uno que es mucho más fácil. Solo necesitas un globo lleno de aire y otra persona para jugar. Se trata de llevar el globo entre los dos de un punto a otro, pero sin poder usar las manos, por ejemplo poniéndolo entre las espaldas de ambos. Podéis probar con los codos, cabeza, caderas, etc., pero la misión es llevar el globo de un sitio a otro, entre los dos, y lo más importante, sin que explote y sin que caiga al suelo.

El reflejo rotuliano

Es posible que el médico al hacerte una revisión te haya sentado y golpeado con un pequeño martillo tu rodilla. Rápidamente, tu pierna da una patada, que tú no has podido controlar. Esto se conoce como **reflejo rotuliano** o reflejo tendinoso profundo, y se utiliza para comprobar que el sistema nervioso funciona bien. Pero, ¿por qué si golpea levemente tu rodilla, esta da una patada brusca? Pues es porque el golpe lo da sobre un tendón que controla el músculo del muslo. Esta conexión entre rodilla, músculo y tendón, es necesaria para que podamos mantenernos erguidos.

LA PROPIOCEPCIÓN
INFORMA A NUESTRO ORGANISMO DE...

SENSACIÓN DE ESFUERZO

POSICIÓN DEL CUERPO EN EL ESPACIO

SENSACIÓN DE FUERZA O PESO

CONTROL DE LAS EXTREMIDADES

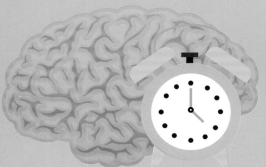

PERCEPCIÓN DE TIEMPO:
¿QUÉ HORA ES?

Tic, tac, tic, tac, tic, tac... Son las dos de la madrugada y no te puedes dormir... tic, tac, tic, tac, tic, tac... Piensas que ha pasado por lo menos una hora, pero cuando miras el reloj, son las 2 y 5 minutos... Seguro que has vivido una situación parecida. Vamos a hablar sobre el **sentido de percepción del tiempo**, un sentido muy importante pero que puede pasar desapercibido.

Seguro que si te preguntamos por una clase de esa asignatura que no te gusta, dirás que se hace mucho más larga que otras que te gustan más. El tiempo siempre es el mismo y dura lo mismo, pero **nuestro cerebro no siempre lo percibe igual.**

Si te paras a pensarlo, utilizamos conceptos relacionados con el tiempo constantemente: «¿Qué día es hoy?», «¡Hasta mañana!», «Estos ejercicios los tenéis que entregar el martes que viene», «Llegamos en unos minutos», «¿Cuántos años tienes?»... Podemos **interpretar** todas estas **variables temporales** gracias a nuestro **cerebro**.

El **cerebro** tiene toda una serie de **neuronas** que se encargan de **medir** y **cuantificar** cómo pasa el **tiempo**. Esta percepción del tiempo funciona asociada con las actividades que estemos realizando. Por eso si hacemos algo que nos gusta y nos entretiene, la sensación es que el tiempo pasa mucho más rápido, qué cuando hacemos algo que nos aburre.

glándula pineal

¿Ya es de día?

En el centro de nuestro **encéfalo**, hay una región, llamada **glándula pineal**, que según la luz que entra por tus ojos y otros factores, te informa sobre si es de **día** o si es de **noche**. Esta glándula es en parte **responsable** del **sueño nocturno**.

¡Alerta pantallas!
Se ha comprobado que la luz blanca que emiten los móviles o tablets puede activar la glándula pineal. Por eso, no es recomendable su uso antes de dormir, ya que al activarse la glándula, nuestro cerebro piensa que es de día y, si no está muy cansado, las ganas de dormir desaparecen.

El concepto de tiempo

Este sentido **va cambiando** según vamos **creciendo**. Cuando somos muy pequeños, es difícil comprenderlo, ya que es un **concepto muy abstracto**. Lo primero que aprendemos es a entender el **pasado**, el **presente** y el **futuro**. Posteriormente, nuestro cerebro va comprendiendo que existe una **mañana**, una **tarde** y una **noche**. Esto ocurre en torno a los 4 o 5 años; también se aprende que hay un **hoy**, un **mañana** y un **ayer**. A partir de los 7 años, el cerebro ya ha aprendido a identificar el tiempo.

LOS SENTIDOS NOS ENGAÑAN

Seguro que alguna vez te has despertado en mitad de la noche por un ruido, abres los ojos y tratas de ver en la oscuridad; entre las sombras, te parece ver a alguien en tu habitación, sobresaltado te levantas y enciendes la luz y... y te das cuenta que en realidad era tu silla con ropa, un perchero o trastos varios. ¿Por qué ocurre esto?

Piensa en un **ancestro** nuestro, que vivía hace decenas de miles de años con su **tribu** en un bosque. Al ancestro le ocurre algo similar: está durmiendo y de repente escucha un sonido cerca. Se levanta y entre unos arbustos ve algo parecido a un tigre dientes de sable. Rápidamente despierta a todos y salen corriendo.

Nuestro ancestro no ha visto al tigre directamente, pero sí que ha visto **algo** que **podría ser** un tigre. Si se hubiese parado a decidir si era un tigre de verdad, probablemente hubiese muerto.

En el cerebro de nuestro ancestro y en el nuestro está ocurriendo lo mismo. Ambos identifican un **PATRÓN**, similar a lo que podría ser una amenaza. Y es que nuestro cerebro es una maquinaria celular perfecta para identificar patrones. Esto permite tener **respuestas muy rápidas** y en determinadas ocasiones, **SOBREVIVIR**.

Parei... ¿qué?

La identificación de patrones ocurre sobre todo con la **vista**. Y aquí entra en juego uno de los conceptos más divertidos del cerebro, las **pareidolias**. ¿Qué son? Pues es cuando recibimos un estímulo de algo cotidiano y percibimos algo totalmente diferente: normalmente se asocia con ver «caras» en objetos, edificios, etc. Por ejemplo, ver en la fachada de una casa una cara (fíjate en la fotografía).

¿Alguna vez has jugado a ver **nubes con formas de cosas**? Pues es el mismo «engaño del cerebro»: sabemos que las nubes no son un elefante o una jirafa, pero por su forma no podemos dejar de verlas como un elefante o una jirafa.

Actividad

Si tienes curiosidad, puedes buscar en internet la palabra pareidolia y verás cómo hay muchas muy divertidas. También, cuando vayas por la calle, si ves alguna, puedes contar a tus amigos o familia, que ahí están viendo una cara, y que gracias a eso nuestros antepasados pudieron sobrevivir hace miles y miles de años.

SINESTESIA
SUPERPODER GENÉTICO

En el cerebro ocurren cosas muy, pero que muy extrañas. Por ejemplo, hay personas que **mezclan sus sentidos**. «Escuchan los colores», «oyen los olores» o «saborean los sonidos»... ¿Cómo es esto posible? Vamos a conocer un poco más este fascinante proceso llamado **sinestesia**.

Existen personas que perciben el mundo de una forma diferente y experimentan **sensaciones mezcladas** ante los diferentes **sentidos**:

Palabras que huelen o saben bien al escucharlas.

Hay estudios que dicen que hasta cuatro de cada 100 personas tienen algún tipo de sinestesia. Y se conocen más de 70 tipos diferentes de estas mezclas de sentidos. Se piensa que tiene un componente hereditario: si nuestros padres son sinestésicos, es posible que nosotros también lo seamos.

Letras y números asociados a colores.

¿Por qué ocurre esto?

Hay científicos que piensan que la sinestesia se produce porque en el cerebro hay **demasiadas conexiones entre neuronas** relacionadas con los **sentidos** y esto hace que se puedan **mezclar**.

Se relaciona también con la **creatividad**. Cantantes como Lady Gaga tienen esta peculiaridad. También se cree que uno de los grandes pintores, Vincent Van Gogh, también la tuvo y esto le influyó mucho en sus obras.

Lady Gaga

VIERNES 25

Días de la semana asociados a colores o formas geométricas.

Colores en la música.

35

SENTIDOS (MUY) ANIMALES

Ya hemos visto que no solo hay cinco sentidos, sino que tenemos **algunos más**. Pero si echamos un vistazo al **mundo animal**, podemos encontrar que hay seres vivos que han desarrollado **otros sentidos increíbles**.

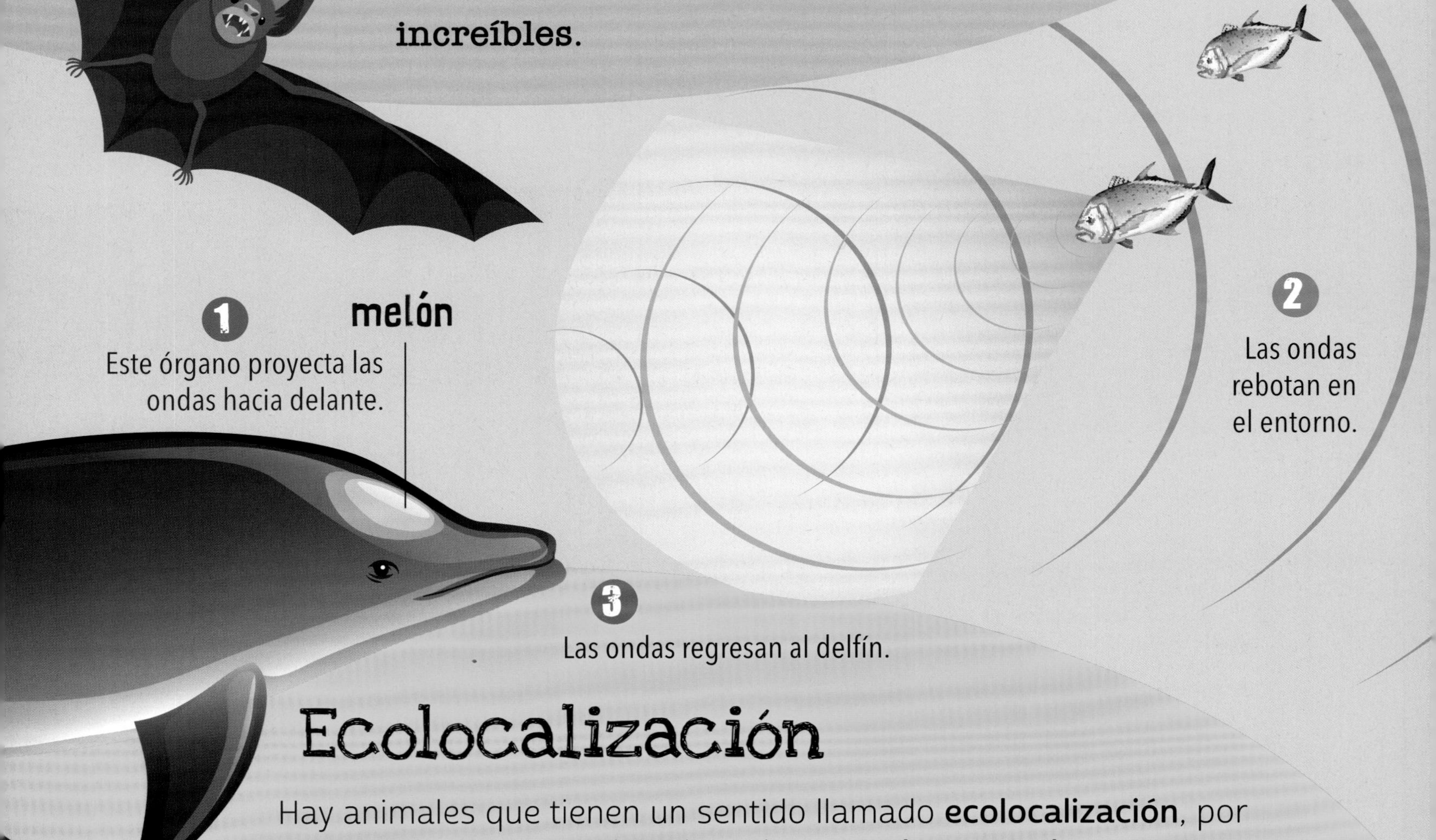

①

melón

Este órgano proyecta las ondas hacia delante.

②

Las ondas rebotan en el entorno.

③

Las ondas regresan al delfín.

Ecolocalización

Hay animales que tienen un sentido llamado **ecolocalización**, por el cual producen **ondas que rebotan** contra otros animales, piedras, etc., y **vuelven al animal**. Así calculan si hay una presa o un depredador cerca. Esta capacidad la tienen animales como las **orcas** o los **delfines**, pero también algunos que viven fuera del agua como los **murciélagos**. Y antiguamente los barcos usaban un sistema parecido para saber dónde estaban.

Electrorrecepción

ampollas de
Lorenzini

Los **tiburones** tienen muchos de sus sentidos muy desarrollados para identificar a sus presas y poder cazarlas con mayor facilidad. Uno de los más llamativos es la **electrorrecepción**, que consiste en la capacidad de identificar **pequeños cambios en el campo eléctrico** de su alrededor gracias a unos órganos especiales, las **ampollas de Lorenzini**. Todo lo que se mueva en el mar genera estos cambios que son detectados rápidamente por este temido animal.

Visión térmica

Otro sentido sorprendente de la naturaleza es el que tienen algunas **culebras** y **víboras** que son capaces de **detectar el calor corporal** de sus posibles presas. Gracias a su **visión infrarroja** pueden detectar qué animales hay escondidos a su alrededor, además de saber su tamaño y forma.

Visión nocturna

Si tienes gato o has convivido alguna vez con uno, seguro que has visto cómo en mitad de la noche sus ojos brillan con intensidad. Esto es porque sus ojos tienen una **adaptación** que les permite **ver en la oscuridad**: son capaces de ver ocho veces mejor que nosotros en condiciones de penumbra. Esto les ha servido durante mucho tiempo para ver mejor a sus presas y también para poder huir de posibles depredadores.

PROCESAMIENTO DE LA INFORMACIÓN

Mientras lees este libro, algo fascinante ocurre dentro de tu cerebro. Tus ojos se están fijando en las palabras y enviando esa información a una parte de tu cerebro, llamada **corteza visual**; allí esos trazos que estás viendo, se transforman en palabras. Si el texto te gusta mucho, tu **cerebro más emocional** se **pondrá en funcionamiento** y si te **aburre**, la zona que controla el **cansancio** y el **sueño** se activará.

Algo parecido ocurre con **cada actividad que realizas**. Por ejemplo, si estás jugando con una pelota, la información que llega a tu cerebro será sobre su forma y color. Si juegas con más amigos, seguro que esa parte de la emoción se inicia también.

corteza
visual

Si estás jugando un partido de fútbol y marcas un gol, esta parte emocional se activará y seguramente guardes ese recuerdo un tiempo.

Una de las principales funciones del cerebro es **relacionarse con el entorno**, y esto lo consigue gracias a todos los **sentidos**. Y todo esto ocurre a una velocidad increíble. ¿Quieres comprobarlo? Es muy sencillo:

Tápate los ojos y trata de contar cuánto tiempo pasa desde que los abres hasta que tus ojos te dicen de qué color es el objeto que tengas más cerca. ¡Prueba! ¿A que es imposible?

Esta **velocidad varía** según la actividad que realices. Por ejemplo, si tienes que memorizar una lección, no lo harás de forma instantánea. ¡Guardar algo en la memoria cuesta mucho trabajo!

De bebé a adulto

La forma de relacionarnos con nuestro entorno varía mucho en función de la **edad**. Si conoces a algún bebé, seguro que has visto cómo intenta tocar todo: es su mejor forma de conocer qué es lo que tiene cerca. También les gusta mucho olisquear, incluso chupar todo. Según nos hacemos mayores, la vista y el oído son de los sentidos que más utilizamos.

La unión hace la fuerza

Cuando recibimos una información, como en los ejemplos que hemos visto, todos los sentidos actúan y en el cerebro se integran todas las sensaciones, no solo de los sentidos clásicos, sino también de otros muchos que informan sobre temperatura, hora, etc. Así conseguimos tener una **imagen de la realidad lo más completa posible**.

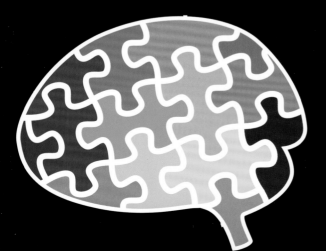

LA MEMORIA: ¡NO ME ACUERDO!

Sandía, plátano, pera, manzana y naranja. ¿Puedes aprender esta lista de frutas? Nuestro **cerebro** está constantemente **memorizando** cosas: almacena toda información útil. ¿A qué hora es tu programa favorito de la tele? ¿A qué sabe una pera? Estas preguntas tienen respuesta gracias a tu **memoria**.

¿Cuál es tu primer recuerdo?

Todos tenemos un primer recuerdo, algo que tenemos en la memoria desde hace años.

Mi primer recuerdo es del colegio, uno de los primeros días que fui y jugando me caí y me hice una herida en la rodilla.

Una cosa muy curiosa que le pasa a **nuestro cerebro**, es que **recuerda** mucho **mejor experiencias muy buenas o muy malas**. Seguramente si te vienen recuerdos a tu memoria serán de un momento en el que disfrutaste mucho o en el que, por ejemplo, lloraste. Es fácil que recuerdes fiestas de cumpleaños o un día que viste algo que te hizo mucha gracia. Seguro que en el colegio aprendes mejor las lecciones sobre cosas que te gustan, antes que las que no te gustan nada.

Y como no podía ser de otra forma, existen diferentes tipos de memoria, en particular hay tres:

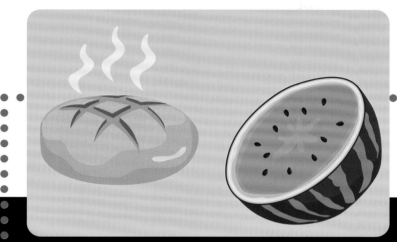

① Memoria sensorial

- Es la memoria que funciona a través de los sentidos. Por ejemplo, el olor del pan recién hecho o el sabor de una sandía.

② Memoria a corto plazo

Es la memoria que va almacenando información sobre la marcha: por ejemplo, la memoria que hace que recuerdes las palabras mientras vas leyendo este libro y así puedas entender todo.

③ Memoria a largo plazo

Son todos esos recuerdos de hace tiempo, de los que hemos hablado en este capítulo.

Si algo que memorizas con tu **memoria a corto plazo** es **importante**, pasa a la **memoria a largo plazo**; si es algo que **no es tan importante**, **se borra** en segundos. De hecho, ¿recuerdas la lista de frutas del principio del capítulo? Intenta recordarla. Seguramente hayas olvidado alguna, pero es normal, mientras leías esta página tu cerebro ha ido almacenando mucha información. Si recuerdas perfectamente la lista, enhorabuena, tienes muy buena memoria.

EMOCIONES:
TODAS SON IMPORTANTES

Volvamos a la situación que vimos hace unas páginas. Te despiertas en mitad de la noche, porque oyes un ruido extraño... el miedo se apodera de ti y hasta que no enciendes la luz y ves que no hay nada, no estás tranquilo. El miedo es una **emoción**, como la alegría, la ira, el asco, la tristeza o la sorpresa. Las **emociones muestran** nuestro **estado de ánimo**, son una forma de reaccionar cuando algo nos gusta, nos asusta, nos sorprende o nos disgusta. Y todas son superimportantes.

Alegría

Es esa emoción que sientes cuando marcas un gol, sacas una muy buena nota en un examen o ganas a algún juego. Activa nuestro cerebro y en nuestro cuerpo genera una sonrisa, bienestar general, ganas de reír, etc.; incluso se puede ver en el brillo de los ojos.

Tristeza

Aunque puede parecer que es negativa, es fundamental. Aparece cuando ocurre algo que nos decepciona o algo inesperado y negativo. Nos ayuda mucho a la hora de relacionarnos con los demás.

Asco

Se trata de la emoción que inunda nuestro cerebro al comer algo que no nos gusta, o cuando vemos algo muy desagradable. Es muy importante porque suele servir para detectar sabores u olores de comida en mal estado, que nos podría enfermar.

Ira

Es una emoción que nos invade y controla todo nuestro cuerpo, nos da sensaciones de energía y nos hace ser muy impulsivos, lo cual no suele ser nada bueno.
Aun así es muy útil, ya que sirve para reaccionar frente a situaciones que no nos gustan o con las que no estamos de acuerdo.

Miedo

Esta emoción nos prepara para reaccionar por si ocurre algo. A pesar de que parece que nos puede paralizar, en nuestro cuerpo hay una serie de cambios que nos preparan para responder o para salir corriendo.

Sorpresa

Es lo que experimentas ante algo inesperado, que te sorprende. La respuesta de nuestro cerebro es muy rápida, activando nuestra capacidad de atención.

APRENDIZAJE

Desde que nacemos el **cerebro** está constantemente aprendiendo. La mayoría de las veces, lo hacemos casi sin darnos cuenta; otras, como cuando estudiamos, utilizamos otras técnicas, como la memorización. Nuestro cerebro es una **máquina perfecta** para el **aprendizaje**, disfruta descubriendo cosas nuevas, alimentando la curiosidad.

El cerebro aprende por repetición

¿Recuerdas cómo aprendiste a **montar en bicicleta**? ¿O a **nadar**? Seguro que la primera vez te sentías torpe o incluso llegaste a caerte: casi todos nos caímos muchas veces de la bici hasta que aprendimos. La clave es que nuestro cerebro aprende por **repetición**: cuando realizas una actividad una y otra vez, se van generando **conexiones neuronales** que al final acaban por aprender dicha actividad.

El aprendizaje musical

La **música** tiene un **impacto muy fuerte** sobre nosotros: puede emocionarnos, alegrarnos, hacernos saltar o incluso ponernos muy tristes. Cuando **tocas** un **instrumento** musical, **el cerebro** cambia por completo y **se reestructura**, y lo hace poco a poco, porque de nuevo, la mejor forma de aprender es practicando horas y horas. Hay expertos que dicen que debes practicar más de 10000 horas para dominarlo.

Trucos para aprender mejor

1. Dormir bien

Durante la noche, nuestro cerebro se encarga de almacenar lo aprendido en el día, por lo que es muy importante dormir muy bien. Si tienes un examen, tras una tarde de estudio, lo mejor que puedes hacer es descansar durante la noche.

2. Una buena alimentación

El cerebro consume mucha energía, por lo debemos cuidar mucho de dónde procede esta energía. A la hora de memorizar y aprender, son necesarios nutrientes que podemos encontrar en frutas como el plátano o el aguacate, en frutos secos o en el pescado azul.

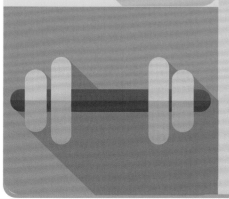

3. Ejercicio físico

El ejercicio físico puede ser muy beneficioso para aprender, ya que oxigena nuestro organismo, despierta nuestra capacidad de atención, etc.

¿POR QUÉ DORMIMOS?

¡QUÉ SUEÑO TENGO!

Un día cualquiera te levantas, vas a la escuela, vuelves a casa, haces la tarea, juegas, cenas y de nuevo, a dormir. Si lo pensamos bien, **dormimos un tercio o más** de las horas del **día**. Pero durante este tiempo, **el cerebro no se detiene**, sino que hace un montón de cosas, superimportantes para tu salud. El sueño es totalmente **necesario** para nuestra **supervivencia**.

Funciones del sueño

RESTAURACIÓN FÍSICA

PROCESAMIENTO DE INFORMACIÓN Y MEMORIZACIÓN

LIMPIEZA DEL CEREBRO DE TOXINAS

FORTALECIMIENTO DEL SISTEMA INMUNITARIO

REGULACIÓN DEL ESTADO ANÍMICO

Aunque mientras dormimos no somos conscientes de nada, **nuestro cerebro tiene una gran actividad**. Gracias a novedosas técnicas que muestran la actividad cerebral, se ha visto cómo durante el sueño funciona casi todo el cerebro.

Bebé
Hasta 15 horas al día

Entre 5 y 12 años
10-11 horas al día

Adolescente
9-10 horas al día

Adulto
8 horas al día

No siempre dormimos igual: cuanto más pequeños somos, más horas dormimos.

CONSEJO: Debes cuidar muy bien el sueño, porque no solo importan las horas que se duermen, sino su calidad. Para poder descansar mejor, se recomienda estar en una habitación con luz tenue antes de dormir; recuerda que las pantallas de móvil o tablet con su luz le indican al cerebro que es de día. También hay que cenar más ligero, ya que si intentamos dormir mientras se hace la digestión, la calidad del sueño es mucho peor. Y evitar actividades que nos activen mucho antes de ir a la cama.

¿Qué ocurre cuando no se duerme?

• Si estás **una noche sin dormir**, te **cambia el humor**, tienes una **menor agilidad mental** y **cierta torpeza** en algunos movimientos. El **cuerpo** comete **pequeños errores**.

• Si pasas **dos noches sin dormir**, incrementa la **dificultad** para **concentrarse** y para tener **pensamientos complejos**; además, el **cuerpo** comete **muchos más errores**.

• Finalmente, a partir de **cinco días sin dormir**, el **cerebro** empieza a **fallar** de forma **constante** y empieza a generar **alucinaciones**.

¡DORMIR ES FUNDAMENTAL!

SUEÑOS:

HE SOÑADO CON UN ELEFANTE QUE PILOTABA UNA AVIONETA

FASE **1**

Somnoliento

Primeros
5–10 minutos

Todas las noches **soñamos** y varias veces, aunque no siempre lo recordemos. Pero, **¿qué son los sueños?** Es una de esas cuestiones que poco a poco se van respondiendo.

¿Cómo surgen los sueños?

Se cree que los sueños surgen porque durante la noche se **almacenan** en la **memoria a largo plazo** las **experiencias vividas** de **día**.

FASE **2**

Sueño ligero

Siguientes
20 minutos

¿Por qué no recordamos todos los sueños?

Se piensa que solo **recordamos** los sueños si nos **despertamos** en **mitad** de la **fase REM**. Si duermes muy bien, tal vez te despiertes cuando termina esta fase y por eso no recuerdes lo que has soñado.

¿Tienen sentido los sueños?

Cuando soñamos ocurren **situaciones disparatadas, escenas mezcladas...** Se cree que esto sucede porque cuando se **almacena** la **información** del **día**, se **activan recuerdos del pasado**... Por eso, en nuestros sueños, nos pueden acompañar personas que llevamos años sin ver o pueden tener lugar en sitios que visitamos hace meses.

Fases del sueño

FASE 5
REM
(Rapid Eye Movement, movimientos oculares rápidos)

15–30 minutos

Durante las horas de sueño, ocurren una serie de **fases** que se **repiten varias veces** a lo largo de la noche. Es en la **fase REM** en la que se producen los **sueños**. El cerebro está muy activo durante esta fase, como si estuviera despierto.

FASE 4
Sueño profundo

Siguientes 30 minutos

Sueños no tan divertidos

Todos hemos tenido **pesadillas**, se trata de sueños que nos producen miedo o ansiedad. Aparecen por situaciones de estrés y tensión vividas durante el día. También pueden aparecer si tenemos tensión frente a una situación, si hemos vivido una experiencia traumática o incluso si hemos visto o leído antes de dormir algo que nos produce miedo. La fiebre también puede generar pesadillas.

FASE 3
Sueño moderado

20–40 minutos

CEREBRO SOCIAL:
CEREBROS AMIGOS

¿Te has fijado en algún grupo de hormigas? Todas **trabajan** en **común** para recoger comida y se ayudan unas a otras a transportarla. Hay muchos **animales** con una **gran vida social**, pero sin duda alguna, el que más vida en sociedad hace es el **ser humano**.

Somos animales sociales

Desde que nos levantamos estamos en contacto con personas, nuestra familia, profesores, compañeros de clase, amigos, etc. Nuestro **cerebro** tiene toda una **maquinaria neuronal** especializada en el **comportamiento social**.

Desde muy pequeños, buscamos **interacción** con el resto. Los bebés, antes de aprender a hablar, interaccionan con los adultos mediante sonidos o usando otros sentidos como el tacto. Somos, por lo tanto, **animales sociales desde que nacemos**. A partir de un año, los niños ya pueden empezar a cooperar y a trabajar en equipo para lograr pequeñas metas.

Es importante tener una **vida social** siempre. Se ha estudiado cómo una buena vida social es uno de los factores que puede ayudar a prevenir enfermedades durante el envejecimiento, como el Alzheimer.

Cuando establecemos **relaciones sociales**, se **activa** una **zona** de nuestro cerebro **muy grande**. Toda la parte que se encarga del **habla**, de **escuchar**, de las **emociones**, pero también la **vista**, la **memoria**, la **capacidad de atención**, la **motivación**, etc. En resumen, el **comportamiento social activa** casi todo nuestro **cerebro**.

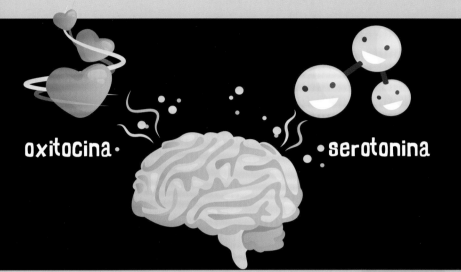

oxitocina · serotonina

¿Por qué nos gusta tanto tener amigos? En el cerebro se generan sustancias muy importantes, como la serotonina y la oxitocina, que nos generan una sensación de felicidad y bienestar cuando estamos tiempo en familia, con amigos, etc.

Cuando el cerebro Social falla

Hemos visto que en las relaciones sociales el **cerebro trabaja** de forma muy **activa**. Es por eso que, si hay algún **fallo**, puede afectar a dichas relaciones. Un ejemplo muy curioso es el **síndrome de Capgras**. Es una enfermedad muy rara, en el que una persona cree que todas las personas de su entorno han sido sustituidas por actores... Sorprendente, ¿no? Esto ocurre porque el **cerebro más emocional** está **alterado**.

MÚSICA Y CEREBRO
MELODÍAS NEURONALES

¿Te gusta la música? ¿Sabes tocar algún instrumento? ¿Te sabes alguna canción de memoria? ¿Puedes tararear o silbar alguna melodía? La **música** es muy **importante** para el **ser humano**, nos acompaña siempre. Incluso desde que nacemos, ya que nos cantan nanas para poder dormir o para relajarnos.

Cuando empezamos la escuela, se utilizan **canciones** para **aprender** los números, las letras, los animales, etc. Los instrumentos de música de juguete están por todo el mundo. Según vamos creciendo, podemos empezar a tocar un instrumento y seguramente en diferentes fases de nuestra vida, nos guste música de diferentes tipos. Somos **animales muy musicales**.

Al escuchar música nuestro **cerebro** se **activa** completamente:

- Para empezar, el sonido llega a una zona llamada **corteza auditiva**; de ahí puede activar nuestra memoria, si estamos escuchando una melodía que reconocemos.

- Puede activar nuestra **emoción**, cambiando nuestro estado de ánimo.

- Puede activar **partes motoras** del cerebro que nos hacen bailar, mover los dedos, etc., y así, muchas más **zonas cerebrales**.

Y todo esto, **¿cómo se sabe?** Hoy día hay **máquinas de resonancia** que permiten ver la **actividad del cerebro**. En una serie de experimentos, mientras varias personas escuchaban música, comprobaron que se activaba todo el cerebro, y que, además, lo hacía a una **gran velocidad**.

Cuando **tocamos** un **instrumento**, se activan todas las **regiones cerebrales** que ya hemos comentado, pero además, **muchas otras**, como las que controlan el **movimiento de los dedos**, la **memoria** a largo plazo que trabaja para recordar la pieza musical interpretada, etc. Es por eso que la educación musical en la escuela es muy importante.

Áreas del cerebro que se activan al escuchar música

Corteza prefrontal

Relacionada con la recuperación de recuerdos

Lóbulo temporal derecho

Registra el ritmo y el tono emocional

Sistema límbico

Reconocimiento de la melodía, ligado con la parte emocional

¿Si escucho música seré más listo?

Si la música actúa sobre todo el cerebro, ¿nos puede hacer más listos escuchar música? La verdad es que no. La música nos puede generar felicidad, nos anima o nos relaja, lo cual siempre es positivo, pero no nos hace más listos. Al menos escucharla, porque lo que sí se ha demostrado es que las personas que tocan un instrumento musical desarrollan mucho algunas capacidades intelectuales.

CREATIVIDAD

PINTANDO CON EL CEREBRO

El cerebro es una **máquina neuronal perfecta** para **crear** y para **inventar**. Ya hemos hablado de la **creatividad**, esa gran capacidad para crear cosas; por ejemplo, a nivel artístico cuando se pintan dibujos o cuadros. Nuestro **cerebro** es **muy creativo**, aunque a veces es un poco perezoso y hay que entrenarlo.

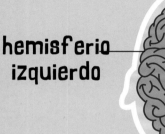

hemisferio izquierdo — hemisferio derecho

En busca del hemisferio creativo

El cerebro está formado por **dos grandes hemisferios**, el **izquierdo** y el **derecho**. Durante mucho tiempo, se pensaba que uno de los dos es el que se encarga de las actividades creativas, y otro de las más matemáticas. Pero por suerte esto no es verdad. **Ambos hemisferios trabajan conjuntamente** para crear e inventar. Recuerda lo que dijimos sobre el cerebro musical y cómo funciona entero cuando estamos tocando un instrumento.

Cuando hacemos algo **creativo**, como dibujar o escribir un cuento, se activan las **zonas del cerebro** relacionadas con la **curiosidad**, la **improvisación**, la **memoria**, pero también las relacionadas con la **destreza artística**. Es por eso que cualquier habilidad artística se puede entrenar y mejorar. La **imaginación** está muy relacionada con el proceso creativo, pero también la **memoria**, ya que para dibujar, por ejemplo, utilizas técnicas aprendidas desde pequeño.

Activa tu cerebro

Entrenamiento creativo

Puedes hacer actividades creativas todos los días:

• Tener un bloc y dibujar algo que te haya ocurrido o algo que te apetezca.

• Puedes escribir historias y luego contarlas en clase o a tu familia.

• Invéntate acertijos y adivinanzas.

• Puedes crear juguetes o artilugios.

• Si tocas un instrumento, además de practicar, puedes improvisar nuevas melodías y ritmos.

• Si tienes un juego de construcción, crea cosas nuevas.

Todo ello, será un entrenamiento para tu cerebro en crecimiento; además, cuando hacemos cosas nuevas el resultado final nos suele generar una gran satisfacción y felicidad.

El cerebro infantil es realmente creativo. Es en estos años cuando tenemos más ideas, inventamos historias, dibujamos constantemente, etc. ¡Aprovecha y potencia esta gran capacidad!

NEUROEDUCACIÓN
ESTUDIANDO CON TUS NEURONAS

La educación va a formar y alimentar a tu cerebro durante muchos años. Hoy en día, se está aprovechando lo que se conoce sobre el **cerebro** para **mejorar** los **procesos educativos**. Es lo que se conoce como **«neuroeducación»**.

Pasos para estudiar con el cerebro

El conocimiento sobre el cerebro nos da trucos o pasos que podemos aplicar en el día a día:

Organización: el cerebro trabaja mejor cuanto más organizado esté todo. Así que ten tu mesa de trabajo bien ordenada, define qué tarea vas a hacer en cada momento, márcate pequeños objetivos, etc.

Fuera distracciones: cuando estés estudiando evita las distracciones. Si tienes teléfono móvil, proponte no mirarlo mientras estudias.

Descansa: haz pequeños descansos cada 45 o 50 minutos. Levántate, da un paseo por casa, estira las piernas, etc.

Cuestión de horarios

El cerebro **funciona mejor** cuando se mantiene un **horario** más o menos **constante**. Eso quiere decir acostarse y levantarse a la misma hora, habiendo dormido lo suficiente. En la adolescencia el cerebro tiende a estar más activo hacia las 9:30 o 10 de la mañana: por eso en algunos países se están planteando modificar la hora de inicio de las clases. Lo importante es mantener unos **buenos horarios** y **dormir bien** para ir a clase lleno de energía.

Alimenta tus neuronas

Muchas investigaciones confirman que se **rinde mucho mejor** en la escuela si se lleva una **dieta saludable; evita** las **bebidas azucaradas** y las **grasas saturadas** de dulces y bollería ultraprocesada.

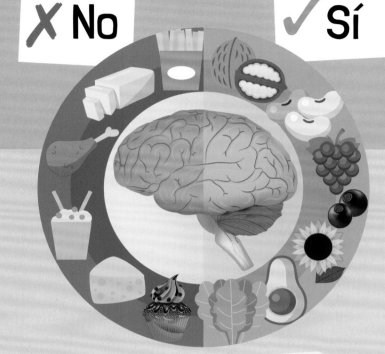

X No

✓ Sí

Ejercita tus neuronas

Muchos estudios hablan del **efecto positivo** que tiene el **ejercicio físico** sobre la educación. **Hacer ejercicio** todos los días **ayuda a memorizar**. Como ya hemos comentado, se ha comprobado que se obtiene un **mayor rendimiento académico** después de una clase de educación física.

EL FUTURO DEL CEREBRO

A lo largo de este libro, hemos descubierto muchas cosas sobre el **cerebro**. Pero aún nos queda mucho por aprender y descubrir...

Aprender a estudiarlo

Uno de los principales **problemas** del estudio del cerebro es que está formado por tantos miles de millones de células, que es muy difícil observar cómo funciona completamente. EEUU o Europa están invirtiendo muchísimo tiempo y dinero en hacer un **mapa del cerebro humano** para entender mucho mejor todo lo que ocurre en él.

Curar lo incurable

El cerebro es una **estructura muy compleja** que puede sufrir todo tipo de daños. Existen **enfermedades** que seguro que has escuchado alguna vez como la enfermedad de Alzheimer, a otras algo más desconocidas como la enfermedad de Huntington, para las que no tenemos un tratamiento aún. Gracias al esfuerzo de miles de investigadores de todo el mundo, en unas décadas seguro que sabremos más sobre estas enfermedades y podremos curarlas.

Una caja de herramientas cada vez más grande

A la hora de investigar, se utilizan una serie de artilugios de lo más variado, como **microscopios** que permiten ver cómo funcionan las neuronas por dentro. Cada vez se están consiguiendo microscopios mejores que permiten ver en mayor profundidad cómo ocurre esto. Además de microscopios, se usan otros muchos equipos con los que, por ejemplo, se pueden ver qué sustancias se acumulan en el cerebro o qué células se activan cuando realizamos alguna acción.

La unión hace la fuerza

¿Has jugado alguna vez a un deporte en equipo? Seguro que te has dado cuenta que es más fácil ganar cuando todo el **equipo** se esfuerza y juega coordinado. Pues en la investigación en **neurociencia** está ocurriendo algo parecido. Los científicos, cada vez más, comparten sus resultados con el resto de investigadores, para entre todos intentar responder las grandes preguntas sobre el cerebro.

Este trabajo en equipo, además, funciona mucho mejor cuando entre los jugadores hay algunos que son muy buenos defensores, otros buenos atacantes u otros con gran capacidad de estrategia. Lo mismo que en la neurociencia actual: los laboratorios más punteros mezclan a biólogos, médicos, químicos, pero también a ingenieros, físicos, matemáticos, sociólogos, etc., generando un **equipo** con capacidad para resolver estas preguntas y buscar respuestas **desde diferentes puntos de vista.**

PREGUNTAS SIN RESPUESTA

Llegamos al **final de nuestro viaje por el cerebro humano.** Hemos caminado entre neuronas, recuerdos, conexiones, emociones, sentidos, etc., y hemos aprendido muchas cosas fascinantes que ocurren en el interior de nuestra cabeza.

Has visto que **sabemos mucho** sobre el cerebro, pero sobre todo, que hay **aún muchas cuestiones** por **resolver**. Cuestiones relacionadas con los **sueños** o los **sentidos** aún no tienen respuesta. Lo mismo ocurre con muchas **enfermedades** que afectan al cerebro.

Es por eso que la humanidad necesita a **personas curiosas**, con capacidad de hacerse preguntas y de proponer respuestas, por muy locas que parezcan. Personas que sean **capaces de ver más allá** que el resto, que tengan **pasión** por **conocer más** sobre el **cerebro**.

Si eres una de esas personas, **este libro** solo ha sido **el primer paso** en este camino. El futuro es fascinante y lo que queda por descubrir impensable. Y si aún no sabes si eres de esas personas, no ocurre nada, sigue disfrutando, aprendiendo, descubriendo y alimentando tu curiosidad; el resto, lo harán tus...

¡86000 millones de neuronas!